INAUGURATION

DU BUSTE

DU

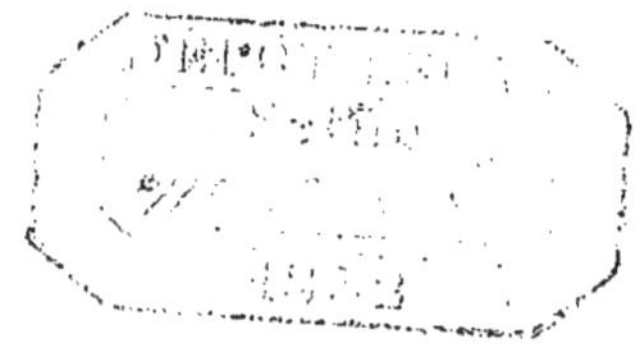

PRINCE LOUIS-NAPOLÉON

A

CONDÉ-SUR-VÈGRE (Seine-et-Oise)

Le 18 janvier 1852.

INAUGURATION DU BUSTE

DU

PRINCE LOUIS-NAPOLÉON

A CONDÉ-SUR-VÈGRE (SEINE-ET-OISE)

LE 18 JANVIER 1852.

Une petite commune de Seine-et-Oise vient d'être le théâtre d'une manifestation des plus remarquables de l'esprit napoléonien de nos campagnes. La journée du dimanche 18 janvier avait été fixée pour installer, dans la salle du conseil municipal de Condé-sur-Vègre, le buste du Prince Louis-Napoléon, que le fidèle serviteur de l'île d'Elbe et de Sainte-Hélène, M. Archambault, avait voulu offrir à cette commune.

La nouvelle de cette cérémonie s'était répandue depuis quelques jours, et rien ne saurait décrire avec quel enthousiasme les habitants des campagnes environnantes ont accueilli la venue du buste de l'élu de sept millions et demi de suffrages.

Malgré un froid brouillard, les jeunes gens du village attendaient depuis quelques heures M. Archambault, qui arriva la veille seulement à neuf heures du soir. Le maire ne tarda pas à venir lui rendre visite, le curé vint également, en lui témoignant toute sa sympathie et se mettant gracieusement à sa disposition pour les heures des offices et de la cérémonie de l'inauguration. Il fut décidé que la messe serait dite à neuf heures, et que la bénédiction aurait lieu après les vêpres, afin que les habitants des villages voisins eussent le temps d'arriver et pussent prendre part à la fête.

En effet, dès le lendemain matin, Condé voyait arriver en foule les habitants des communes environnantes de *Rambouillet, Houdan, Gambais, Mittenville, Saint-Léger, Saint-Lucien, Ermereux, Adainville, les Essarts, Poigny, Laboissière,* etc., etc. On remarquait même quelques fermiers accourus des départements d'Eure-et-Loir et du Calvados. Tous, en arrivant, voulaient entrer dans la salle où étaient déposés le buste du Prince et le drapeau surmonté de l'aigle ; chacun voulait les voir de près et les toucher : c'était un vrai pèlerinage politique. Il serait difficile de donner une idée de l'émotion religieuse, de l'enthousiame profond, de l'attendrissement qui ont éclaté, et qui n'ont cessé de se manifester par les signes les plus touchants, en présence du buste du Prince Louis-Napoléon, à la vue des aigles qui viennent de nous être si miraculeusement rendues. Chacun se pressait pour serrer la main à M. Archambault, qui, aux yeux de ces populations, a été, pour ainsi dire, sacré par son double séjour à l'île d'Elbe et à Sainte-Hélène.

Les maires et adjoints de Poigny, Adainville, Ermereux, Laboissière, Mittenville, les anciens soldats de Rambouillet, étaient venus à la tête des habitants de leurs communes. Les membres du clergé se sont particulièrement montrés intelligents de l'état de la situation politique, animés des meilleurs sentiments.

Des jeux étaient établis sur la place. On y remarquait des marchands forains avec des tableaux représentant des aigles, des portraits du Prince. Une petite boutique attirait surtout les regards par le luxe des portraits de l'Empereur dans toutes les phases de sa vie, depuis le siége de Toulon jusqu'au dernier soupir de Sainte-Hélène.

Enfin l'heure de la cérémonie arriva. Un vieux soldat, qui avait passé cinq ans sur les pontons anglais, marchait en tête avec le drapeau, quatre autres portaient le buste, d'où pendaient de nombreux rubans tricolores, que tenaient religieusement tous ces anciens braves. Les médailles, à l'effigie du Prince, avaient été confiées à un beau vieillard qui avait servi depuis la première coalition. Les jeunes gens du village avaient mis en réquisition tous les fusils de chasse, et demandèrent l'insigne honneur d'escorter le buste et le drapeau. Gambais, petite ville à deux lieues de Condé, nous avait envoyé ses musiciens, qui ouvrirent la marche avec les airs si populaires de la reine Hortense. Une décharge annonça que le cortége se mettait en marche; à deux heures et demie nous entrions dans l'église de Condé, trop petite pour contenir une telle affluence.

Après la bénédiction du buste, du drapeau et des médailles, M. le curé fit, de l'autel, une courte exhortation. Il retraça avec chaleur les services signalés rendus à la religion par l'Empereur, et ceux que Louis-Napoléon, son digne héritier, vient de rendre à la France, à la civilisation. L'exhortation finie, tous ces braves paysans ne purent, malgré la sainteté du lieu, maîtriser leur émotion ; un cri unanime de : Vive Napoléon ! vive l'Empereur ! retentit, le nombre de ceux qui n'avaient pu entrer dans l'église était si considérable, que l'on entendit l'acclamation se prolonger pendant quelques minutes et se perdre enfin dans un religieux silence.

Avant de quitter l'église, le cortége fit le tour de l'autel et fut accueilli à sa sortie par la musique, les salves, les acclamations. Il fallut faire un instant d'arrêt pour laisser quelque temps aux ardentes manifestations de la joie populaire. L'air, pendant quelques minutes, fut tout rempli de cris de vive l'Empereur ! vive Louis-Napoléon !

Enfin le calme se rétablit, et le cortége put se mettre en marche vers la mairie. Avant d'y entrer, une scène pleine d'émotion et que l'on doit renoncer à décrire vint porter au comble l'enthousiasme. Un bon vieillard demanda à M. Archambault la permission de chanter une petite chanson, faveur qui lui fut accordée avec empressement. Il se découvrit alors respectueusement devant le buste du Prince, et, ses longs cheveux blancs au vent, chanta une de ces légendes, récits du peuple, comme en inspirent seuls ces hommes dont la Providence se sert à de longs intervalles pour changer la face du monde. Un vieux soldat succéda au premier, et sa chanson fut accueillie par les mêmes cris de vive Napoléon! vive notre Empereur!

La nuit étant venue, on se rendit à la salle du banquet. Elle était ornée de couronnes et de trophées; un socle avait été préparé pour recevoir le buste du Prince. Au-dessous était la table d'honneur destinée à M. Archambault, à laquelle prirent place M. le curé de la Haute-Ville, vénérable vieillard que cette fête paraissait rajeunir, M. le maire de Condé, M. le maire de Poigny, qui répétait avec bonheur que sa commune n'avait pas donné un seul *non*, et tous les anciens soldats de la contrée, dont les yeux ne pouvaient se détacher du drapeau surmonté de l'aigle qui leur rappelait leurs jours de jeunesse, leurs jours de victoire. Malgré la plus grande gaieté, l'ordre ne cessa de régner, car tous les cœurs battaient à l'unisson.

Au dessert, M. Archambault se leva; tous les regards se tournèrent vers lui, ils semblaient de plus en plus avides de contempler ce modèle de la fidélité. Aux conversations animées, aux récits de batailles des vieux soldats, à la gaieté un peu bruyante des jeunes gens, succéda aussitôt le plus religieux silence. On ne voulait perdre aucune des paroles qui allaient sortir de la bouche du serviteur aimé qui avait recueilli le dernier souffle de vie, tenu dans ses mains la tête expirante de la grande victime! M. Archambault parla en ces termes :

Messieurs,

Il y a onze ans et quelques semaines, un grand nombre d'entre vous saluaient à Paris de leurs acclamations enthousiastes le retour des cendres de l'Empereur. Je revenais alors de Sainte-Hélène, où la France nous avait envoyés redemander au sol inhospitalier de l'exil les restes du plus grand, du plus aimé de ses fils.

Ce jour-là, que le soleil de décembre avait voulu faire un des plus beaux de l'année et qui ne sera oublié de quiconque l'a vu, c'était sur chaque visage un mélange étrange de tous les sentiments, un mélange de tristesse et de bonheur, de regrets mal éteints et de vagues espérances. Sans doute chacun était heureux de voir enfin exaucé le dernier vœu du grand martyr, ce vœu de Napoléon, de pouvoir, au moins après sa mort, reposer sur les bords chéris de la Seine. Mais, aussi, chaque vieux soldat, chaque fils d'un vieux soldat, sentait secrètement — et qui ne le sentait comme eux? — que ce n'était point là la vraie réparation qui devait un jour être faite de la grande injustice de 1815. A défaut de nos langues enchaînées par les Bourbons, la rougeur de plus d'un front révélait ce que le peuple gardait en son âme de vengeance, d'amour et d'espoir.

Aujourd'hui, messieurs, sur vos visages plus de place pour la tristesse ! Ils appartiennent tout entiers à la joie, car le pressentiment du peuple avait raison. Ce ne sont plus les restes inanimés du grand empereur qu'entoure cette foule empressée, c'est le buste pour ainsi dire vivant de son neveu lui-même, de son héritier, que sept millions et demi de voix populaires viennent de rappeler aux Tuileries. — Napoléon est vengé de l'inintelligence des rois : l'intelligence du peuple a réparé leur faute.

Ce buste, qui va demeurer au milieu de vous comme celui qu'il représente demeure depuis longtemps dans vos cœurs, chaque village de France le réclame et l'attend ; chaque chaumière le remplace par une image. Dans quelques semaines , il sera partout ; il sera dans chacune des mairies de nos trente-huit mille communes. Mais j'ai voulu, messieurs, que vous l'eussiez avant les autres ; j'ai voulu l'offrir moi-même au pays de mon vieil ami. Ce sera plus tard, pour vos fils, un souvenir précieux, que cette commune ait vu, avant tant d'autres, une des premières, s'élever au milieu d'elle le buste tant désiré de notre prince bien-aimé. Messieurs, permettez-moi d'espérer que, peut-être, ils inscriront dans leur mémoire, à côté de ce souvenir heureux, mon nom, le nom d'un serviteur fidèle de l'Empereur, et que le sort a favorisé parmi les hommes. Car, ni l'île d'Elbe, ni Sainte-Hélène ne l'ont point séparé de son maître ; et, le 2 décembre, il vient d'entendre la France, l'Europe entière, décerner au glorieux héritier du glorieux empereur le titre si noblement gagné de sauveur de la civilisation.

Messieurs, il ne me reste plus rien à désirer sur cette terre, aujourd'hui que je puis crier avec vous, avec le pays tout entier : Vive Louis-Napoléon, le sauveur de la France !

Nous renonçons à décrire l'effet produit par ce discours, interrompu à chaque instant par des larmes, par des cris de vive l'Empereur. Mais l'émotion fut à son comble lorsque M. Archambault, la voix éteinte et pleine de larmes, prononça ces dernières paroles : « Messieurs, il ne me reste plus rien à désirer sur cette terre, aujourd'hui que je puis crier avec vous, « avec le pays tout entier : Vive Louis-Napoléon, le sauveur de « la France ! » Ce ne fut qu'après quelques instants laissés à l'enthousiasme que le calme put se rétablir.

M. Marandet, qui avait accompagné M. Archambault, prit ensuite la parole et porta le toast suivant :

A L'EMPEREUR ! A LOUIS-NAPOLÉON !

Messieurs,

J'associe dans un même toast l'Empereur et son digne héritier, son neveu bien-aimé, Louis-Napoléon. En effet, tous les deux, à cinquante ans de distance, accomplissent une mission semblable, une mission providentielle. Aujourd'hui, comme à la fin du siècle dernier, c'est le bras tout-puissant d'un Bonaparte qui a pu, seul, sauver la France.

Ai-je besoin de dérouler à vos yeux le désolant tableau que présentait la France à la fin du siècle dernier. A un gouvernement barbare, mais du moins énergique, était substitué un pouvoir sans force, sans dignité ; à la tourmente populaire, avait succédé une apathie léthargique. Les magnifiques vérités proclamées par notre grande Révolution de 89, obscurcies par tant de mauvaises passions, étaient sur le point d'être méconnues. Une corruption effrénée, l'immoralité politique, l'anéantissement de notre industrie, le crédit perdu, le trésor vide, nos armées repoussées, rejetées sur nos frontières, l'ancien régime, fort de nos désastres, de nos dissensions, s'avançant à la tête d'une coalition étrangère, avaient placé la France sur le bord de l'abîme.

Mais un homme est suscité d'en haut pour sauver la Révolution : c'est le vainqueur d'Arcole et de Rivoli. Il arrive, et tous les cœurs volent au-devant de lui, toutes les mains sont tendues vers le libérateur ; un cri de joie et d'espérance s'élève de toutes parts. Il arrive, et l'unité fécondante de son pouvoir va rouvrir toutes les sources de la prospérité publique, et le canon de Marengo apprend à l'Europe que la France, sous l'impulsion de son puissant génie, va devenir la première des nations.

Partout s'ouvrent des routes, des canaux, partout s'élèvent des monuments, et nos soldats, conduits par Napoléon, vont, pendant quinze ans, verser leur sang généreux sur tous les chemins du monde, non pour une idée de guerre, mais pour une idée de civilisation. Foudroyant symbole de l'égalité proclamée en 89, glorieuse personnification de la souveraineté populaire, Napoléon a préparé l'unité du monde moderne, comme César avait préparé l'unité du monde antique.

Mais un jour, jour de deuil, les peuples sont pris de vertige, égarés par des rois menteurs. C'est au nom sacré de liberté, d'indépendance, que les souverains étrangers brisent le sceptre impérial, et leur victoire n'est que le triomphe du droit divin sur la souveraineté populaire, de l'aristocratie sur la démocratie, des priviléges sur l'égalité civile et politique, de l'oppression sur l'indépendance.

Depuis ce jour à jamais funeste, l'Europe s'est épuisée en vains efforts pour retrouver un peu de stabilité, les causes de trouble renaissent sans cesse, et les peuples, instruits enfin, pour trouver le secret de leur avenir, tournent avec anxiété leurs regards vers la grande tombe de Sainte-Hélène.

Enfin, l'heure de la réparation a sonné, et la France, pour la quatrième fois, chassant une dynastie dont la civilisation ne veut plus, se retrouve encore maîtresse de ses destinées. Mais, comme à la fin du siècle dernier, les théories confuses, les intérêts mesquins, les passions sordides succèdent à la tourmente populaire. L'industrie, le crédit s'anéantissent, le trésor public est vide, l'immoralité sociale est poussée jusqu'au dévergondage, le pouvoir est sans force, sans prévoyance, et la nation ne trouve son salut qu'avec le nom magique de Bonaparte. Au 10 décembre, éclate une acclamation semblable à la voix de tout un peuple longtemps contenue. Les partis vaincus, terrassés, rejetés par six millions de voix, ont cherché alors dans leur rage impuissante à jeter l'incertitude et l'épouvante dans toutes les âmes, à livrer encore le pays tout entier aux horreurs de la guerre civile. Mais l'héritier du grand Empereur avait dit : *La France ne périra pas entre mes mains!* et la France est sauvée.

Cette coalition de partis vaincus, hier encore si menaçante, a été dispersée, anéantie ; et déjà le calme renaît, les ruines disparaissent avec les utopies insensées. L'Empereur avait pu seul fermer le gouffre des révolutions, les hommes d'État de 1815 l'avaient rouvert : le bras, mais le bras tout-puissant d'un Bonaparte a pu seul le refermer. Le 2 décembre, comme le 18 Brumaire, va rouvrir enfin cette série de grands jours qui ont jeté un si merveilleux éclat sur notre histoire.

Et vous, vieux soldats de l'Empire, relevez vos fronts inclinés devant nos aigles tombant à Waterloo, devant notre Empereur expirant martyr à Sainte-Hélène ; les aigles vont planer sur nos drapeaux, notre chef est Louis-Napoléon !

Vieux soldats, voilà vos aigles ! Français, voilà votre élu !

Buvons à l'Empereur ! buvons à Louis-Napoléon !

M. Lucien Archambault se leva à son tour, et, d'une voix pleine d'énergie et d'émotion, porta le toast suivant :

A LA JEUNESSE FRANÇAISE !

Messieurs,

Devant les grandes choses qui viennent de s'accomplir le 2, le 20 décembre et le 1ᵉʳ janvier, une réflexion a dû se présenter à tous les esprits :

Quelle œuvre est debout, se relève et nous protége?

Est-ce l'œuvre de la jeunesse, de la génération présente? Non ; c'est l'œuvre du temps passé, de la grande génération qui fut celle de nos pères.

L'Empire sort de cette tombe où la coalition étrangère avait cru l'avoir enseveli.

Il en sort pour protéger, pour sauver, en même temps que la France et la civilisation, cette Europe elle-même, heureuse aujourd'hui tout entière de reconnaître, en 1852, l'impuissance des coups qu'elle dirigeait en 1815 contre le monument du grand fondateur de l'ordre moderne.

Jeunes gens qui m'écoutez, ce n'est pas à nous qu'il convient d'être fiers en ce jour ; ceux qui sont grands en ce jour, comme dans l'histoire, ce sont nos pères, les serviteurs, les soldats du grand Empereur.

Mais je crois être votre interprète fidèle en jurant, en votre nom à tous, par ces aigles qui nous sont rendues, et par cette image qui resplendit au milieu de nous :

Serviteurs, soldats de la grande époque, à notre tour nous serons grands : nous lirons votre histoire, nous suivrons vos exemples ; et puisque votre œuvre, l'œuvre napoléonienne, est si haute qu'après la gloire de l'avoir fondée il n'est pas une autre gloire que celle de la maintenir, de la garder, de la défendre, oui, par ces aigles qui nous sont rendues, par cette image qui resplendit au milieu de nous, jeunes gens, nous jurons tous de maintenir, de garder, de défendre l'œuvre napoléonienne.

Messieurs, je porte un toast à la jeunesse française !

Cette appréciation si juste, ce conseil si plein de sagesse du rôle propre à la jeunesse de notre temps, ont été admirablement compris par les jeunes gens de l'âge de M. Lucien Archambault, par ces natures pleines de bon sens de nos campagnes. Tous s'empressaient auprès du jeune orateur, voulant ainsi s'associer à ses nobles paroles, et lui témoignant, par leurs applaudissements, combien il avait interprété fidèlement leurs sentiments.

M. LAMARRE, instituteur à Bourdanne, avait composé, pour cette fête, un chant qui fut accueilli par les plus vifs applaudissements ; le dernier couplet surtout eut les honneurs du *bis*, et fut répété en chœur par tous les convives.

CHANT NAPOLÉONIEN.

NAPOLÉON, le soutien de la France,
    Ranime nos cœurs ;
Ce noble nom, symbole d'espérance,
    Sèche les pleurs.
Sur sa bannière est écrite la gloire
    Et la grandeur.   (*Bis.*)
Français ! conserve toujours la mémoire
    De ton sauveur.   (*Bis.*)

Napoléon, notre père fidèle,
Nous tend les bras ;
Au guerrier il se donne pour modèle
Dans les combats.
Il dit à tous : A ma voix il faut croire
Et au bonheur.   (*Bis.*)
Français ! conserve toujours la mémoire
De ton sauveur.   (*Bis.*)

Napoléon, conquérant pacifique,
Plein de bonté,
Voit des Français une famille unique
En sûreté.
De lauriers couronnons sa victoire
Sur la terreur.   (*Bis.*)
Français ! conserve toujours la mémoire
De ton sauveur.   (*Bis.*)

Napoléon, à tes lois équitables
Nous sommes soumis ;
Nous n'avons plus d'ennemis redoutables :
Tu les soumis.
Reçois nos vœux !... Avec toute la France,
Chantons en chœur   (*Bis.*)
Ta vertu, ta sagesse, ta clémence
Et ta grandeur.   (*Bis.*)

———————

M. le maire de Condé, M. le curé de la Haute-Ville, un convive de Rambouillet dont nous regrettons de ne pouvoir donner le nom, portèrent encore plusieurs toasts chaleureusement applaudis. Nous sommes privés du plaisir de pouvoir les reproduire, car ils étaient improvisés. C'était chose curieuse et émouvante que de voir comme chacun, cédant à l'impulsion de son cœur, rendait à sa façon les sentiments que tous éprouvaient d'une seule et même manière.

Un pieux retour vers la mémoire de ceux qui sont morts pour assurer l'ordre nouveau a donné lieu à une quête à laquelle les convives ont contribué avec empressement. La quête terminée, un des convives, M. Bétourné, maréchal des logis chef de gendarmerie, voulut, au nom de ses camarades, prononcer quelques paroles de remercîment, mais son émotion fut trop forte, et sa voix s'éteignit dans un cri de vive l'Empereur, mille fois répété par tous les convives. Les vieux soldats chantèrent encore des chansons en l'honneur de leur grand Empereur.

La soirée se termina par la scène la plus touchante. Les Médailles bénies furent apportées devant M. Archambault, qui pria le vénérable curé de la Haute-Ville de vouloir bien les distribuer. Les plus anciens soldats furent d'abord appelés; tous, en recevant l'image du Prince, avaient les yeux pleins de larmes; ils la portaient avec bonheur à leurs lèvres, et quand leur cœur, gros d'émotion, leur permettait d'articuler une parole, c'était pour jeter un cri de vive l'Empereur!

Enfin M. Portas, conseiller municipal et ancien capitaine de la garde nationale, vieux débris de Waterloo, dont toute la vie est un long dévouement à la cause bonapartiste, adressa à son vieil ami, M. Archambault, des paroles de remercîment vivement senties, au nom de son petit village. Ces paroles, sorties du cœur, semblaient résumer l'émotion générale de tous les convives et terminèrent le banquet.

La salle alors se changea en salle de bal. Différentes réunions particulières s'étaient organisées dans le village, et M. le maire vint inviter M. Archambault à se montrer à ces braves paysans, qui tous désiraient le voir. La nuit se passa au milieu des plaisirs, de la gaieté la plus franche, sans que l'ordre fût un instant troublé, malgré une affluence aussi considérable.

Notre départ avait été fixé à dix heures du matin. Tous les jeunes gens nous attendaient pour dire un dernier adieu à M. Archambault, ils avaient attaché sur leurs blouses les médailles distribuées au banquet. Un dernier cri de : Vive l'Empereur! nous salua, et nous quittâmes le village de Condé, qui gardera longtemps le souvenir de l'inauguration du buste du Prince Louis-Napoléon, du sauveur de la France.

On peut dire que la petitesse de cette commune a servi à faire ressortir mieux encore toute la grandeur de cette démonstration politique. Un village d'à peine quatre cents âmes a entendu plus de six mille voix crier ce jour-là : Vive l'Empereur! vive Louis-Napoléon! vive le sauveur de la France ! vive notre Empereur !

C'est un devoir pour nous de constater que, parmi les cris qui échappaient à l'enthousiasme de la foule, un cri, un seul, était continu, général, et semblait exprimer le vœu de tous ces cœurs dévoués; c'était le cri de : Vive l'Empereur! vive notre Empereur!

Paris — Imprimerie Schneider, rue d'Erfurth, 1.